COLLECTION
CONNAÎTRE UNE OEUVRE

ABBÉ PRÉVOST

Manon Lescaut

Fiche de lecture

Les Éditions du Cénacle

© Les Éditions du Cénacle, 2020.

1 rue Honoré - 93500 Pantin.

ISBN 978-2-36788-901-6

Dépôt légal : Juin 2020

Impression Books on Demand GmbH

In de Tarpen 42

22848 Norderstedt, Allemagne

SOMMAIRE

- Biographie de l'Abbé Prévost.................................... 9

- Présentation de *Manon Lescaut*.............................. 15

- Résumé de l'oeuvre.. 19

- Les raisons du succès.. 33

- Les thèmes principaux... 39

- Étude du mouvement littéraire................................. 45

- Dans la même collection.. 49

BIOGRAPHIE

ABBÉ PRÉVOST

Antoine-François Prévost naît le 1ᵉʳ avril 1697 à Hesdin, dans une famille de notables provinciaux. Il est le fils de Liévin Prévost, procureur du roi du baillage d'Hesdin. Entre 1705 et 1712, il étudie au Collège d'Hesdin, chez les jésuites. Il entame deux noviciats qui sont interrompus par des engagements militaires, notamment en 1717 où il est volontaire pour la guerre contre l'Espagne. Vers 1719, il effectue un voyage en Hollande.

En 1720, un amour malheureux le conduit à se réfugier chez les bénédictins de Jumièges, où il demeure huit ans. Dès 1721, après son noviciat, Prévost s'engage à rester fidèle à l'ordre de Saint-Benoît dans la congrégation de Saint-Maur. Jusqu'en 1728 il séjourne dans différentes abbayes bénédictines en France et y exerce les activités de professeur et de prédicateur tout en se livrant à des travaux de littérature et d'histoire. On dit qu'il aurait participé à la rédaction du pamphlet *Les Aventures de Pomponius, chevalier romain ou histoire de notre temps*, et fait également passer un récit libertin en Hollande. Il est, à la fin de ses études, ordonné prêtre au diocèse de Rouen. En 1728 toujours, après avoir vainement tenté de passer dans une branche moins sévère de l'ordre des bénédictins, Prévost rompt avec son ordre et se réfugie à Amiens. Il est poursuivi par les autorités ecclésiastiques. C'est le début de plusieurs années au cours desquelles il changera fréquemment de ville et de pays, poursuivi par des scandales ou des dettes : sa vie est quasiment aussi aventureuse et romanesque que son œuvre. Cette même année paraissent les deux premiers tomes des *Mémoires d'un homme de qualité*. Entre-temps Prévost fuis en Angleterre, où il devient précepteur de la fille d'un membre du Parlement. Malheureusement deux ans plus tard il doit fuir à cause d'un scandale : il a voulu épouser la sœur de son élève. Il trouve donc asile en Hollande. C'est là que seront publiés à Amsterdam les trois derniers tomes des *Mémoires d'un homme de qualité*, dont le dernier qui contient l'édition originale de *Manon Lescaut*. Il prend à cette époque le pseudonyme de Prévost d'Exiles, qui atteste de cette vie mouvementée. En ce qui concerne sa vie personnelle, il rencontre une aventurière, Lenki Eckhardt avec qui il aura une liaison qui durera une dizaine d'années.

Les tomes V et VI de son œuvre sont publiés en France, chez l'éditeur Didot en 1732, alors qu'il fuit la Hollande en 1733 pour l'Angleterre, laissant derrière lui d'importantes dettes. Au même moment, *Manon Lescaut* paraît sans autorisation à Rouen et il est saisi quelques mois plus tard sur ordre du Directeur de la Librairie. Au mois de décembre, l'auteur est incarcéré à Londres, accusé d'avoir fait un faux billet à ordre au détriment d'un de ses anciens élèves. La plainte ayant été retirée, il rentre clandestinement en France début 1734 et obtient l'autorisation de rentrer dans une branche des bénédictins à la discipline moins stricte, et il devient l'aumônier du prince de Conti. Il fait également paraître chez le même éditeur Didot un périodique, le *Pour et Contre*, qu'il publie jusqu'en 1740.

En 1741, il doit se réfugier à Bruxelles, où il publie beaucoup en un laps de temps relativement court. On peut citer les *Mémoires pour servir à l'Histoire de Malte*, et *Histoire d'une grecque moderne*. En octobre, il obtient la permission de rentrer en France. Il se livre alors à des travaux de libraire et s'installe en 1746 à Chaillot, où il commence la publication de *L'Histoire générale des voyages*, traduite de l'anglais. En 1751, il traduit également le roman de Richardson *Lettres anglaises, ou Histoire de Miss Clarisse Harlowe*.

L'édition définitive de *Manon Lescaut* paraît en 1753, en deux volumes et avec des gravures. L'abbé Prévost continue à traduire des romans anglo-saxons durant les années suivantes. Il finit par s'installer à Chantilly, où il meurt à la suite d'une attaque d'apoplexie le 28 novembre 1763. Les *Lettres du Mentor à un jeune seigneur*, présentées au départ comme une traduction de l'anglais, est en réalité une œuvre originale de l'écrivain.

PRÉSENTATION DE MANON LESCAUT

Œuvre plus complexe qu'elle n'en a l'air, *L'Histoire du chevalier Des Grieux et de Manon Lescaut*, plus connu sous le titre abrégé de *Manon Lescaut*, frappe aujourd'hui par sa modernité. Elle met en scène des héros dominés par leurs passions et qui paieront cher leur volonté de vivre leur amour en dépit des difficultés matérielles. Manon et Des Grieux vivent une passion mise à mal par la légèreté de la jeune fille et l'opposition de la famille du jeune homme, et sont toujours en fuite. C'est le septième tome des *Mémoires d'un homme de qualité*, publiées dans la première moitié du XVIIIe siècle. *Manon Lescaut* est publié à Amsterdam en 1731, et reste la seule partie de l'œuvre complète que l'on connaisse aujourd'hui et qui est fréquemment étudiée comme une œuvre à part entière. C'est un roman-mémoire à la première personne : le chevalier Des Grieux raconte son histoire à Renoncour, et ce dernier la trouve intéressante et instructive au point de l'intégrer à ses mémoires.

Qualifié de roman libertin parce qu'il met en scène des personnages non mariés et aux mœurs pour le moins inhabituelles et contraires à l'ordre moral établi, il décrit également les mœurs de la Régence, période traditionnellement présentée comme un moment de libéralisation sociale et économique où le pouvoir devient plus souple et autorise la détente. La vie des personnages est ancrée dans une réalité tout à fait familière aux contemporains, et rend par là même d'autant plus vraisemblable la passion hors du commun qui unit les deux héros.

Des Grieux tombe amoureux de Manon dès qu'il la voit, alors qu'elle est en partance pour le couvent où elle est envoyée pour enrayer son « penchant aux plaisirs ». Le ver est déjà dans le fruit mais malgré l'opposition de sa famille et les trahisons de sa maîtresse qui se fait entretenir par des amants quand l'argent vient à manquer, il n'a de cesse de la suivre et perd tout ce qu'il a pour rester avec elle. De Paris à l'Amérique, malgré les séjours en prison, les évasions et les meurtres qu'il faudra accomplir, les héros vont au-devant de leur destin, guidés uniquement par la passion.

RÉSUMÉ DE L'OEUVRE

Avis de l'auteur des *Mémoires d'un homme de qualité*

Le narrateur de cette histoire s'appelle Renoncour. C'est lui qui écrit cette histoire, et il nous explique pourquoi elle ne sera pas décevante par rapport au reste de ses aventures bien qu'elle ne soit pas tout à fait la sienne. Il commence par insister sur le fait que Le chevalier des Grieux, dont il va conter les mésaventures, incarne à lui seul les paradoxes du cœur humain. Il termine sur l'utilité d'un ouvrage tel que celui-ci pour instruire.

Première partie

Le narrateur Renoncour nous raconte les circonstances de sa première rencontre avec le chevalier des Grieux dans une auberge à Pacy. Celui-ci est au désespoir car on veut emmener sa compagne Manon pour l'Amérique, et qu'il n'a plus assez d'argent pour que les gardes lui permettent de l'approcher. Attendri, non seulement par sa tristesse mais aussi par le visage de Manon Renoncour, il lui en prête et lui demande de lui raconter comment il en est arrivé à une telle situation.

Deux ans plus tard, alors qu'il avait presque oublié cette histoire, Renoncour rencontre des Grieux à Calais. Il est revenu en France après avoir suivi Manon en Amérique. A ce moment Renoncour lui propose de se retrouver à son auberge, Le Lion d'Or, pour qu'il lui raconte toute son histoire.

C'est à ce moment que commence réellement « L'histoire du chevalier des Grieux et de Manon Lescaut ». Le jeune homme rencontre Manon alors qu'il est à peine âgé de dix-sept ans, à Amiens. Il vient de terminer ses études de philosophie et envisage de devenir ecclésiastique. Ce jour-là, il est accompagné de son ami Tiberge lorsqu'il voit passer le coche d'Arras, qui transporte des jeunes filles pour les emmener au couvent. Parmi elles, se trouve Manon Lescaut, qu'il remarque au premier regard et dont il tombe instantanément amoureux. Après quelques minutes de discussion, elle le fait passer pour son cousin afin de différer son départ pour le couvent d'une journée pour avoir l'occasion de souper avec lui. C'est au cours de ce dîner qu'ils mettent au point leur première fuite vers Paris, où ils projettent de se marier à peine arrivés. Tiberge avertit son ami du danger que représente cette fuite avec une inconnue. Des Grieux n'en tient pas compte et lui donne rendez-vous le lendemain à neuf heures en sachant pertinemment que lui et sa belle auront déjà quitté la ville à ce moment.

A peine arrivés à Saint-Denis, ceux-ci se comportent déjà en public comme des personnes mariées. Ils prennent un appartement ensemble à Paris. Manon refuse que Des Grieux parle de leur relation à son père. Le couple commence à manquer d'argent. Un jour, des Grieux rentre et c'est la petite servante qui lui ouvre. Elle ne peut lui cacher que Manon est en compagnie de Monsieur de B., un de leurs proches voisins. Des Grieux est extrêmement chagriné par ce qui ressemble bien à une tromperie, et part réfléchir au café le plus proche. Il finit néanmoins par se persuader que Monsieur de B. est un ami des parents de Manon qui lui ont donné de l'argent par son intermédiaire. Au cours du souper, Manon pleure puis se retire dans un cabinet. Instantanément des hommes du père de des Grieux arrivent pour le faire arrêter. Ils le reconduisent chez lui, où son père se moque de sa naïveté : M. de B est un de ses amis et c'est lui qui l'a dénoncé à son père, ayant appris qui il était et vu la mauvaise vie qu'il menait avec Manon. Malgré cela, dans ce qu'il appelle sa « prison paternelle », il n'a qu'une obsession, retrouver sa belle. Il se réfugie dans l'étude et éprouve des sentiments ambivalents envers Manon. Il revoie également son ami Tiberge, dont on apprend qu'il l'avait suivi jusqu'à Paris, et qu'il s'était même entretenu avec Manon. Tiberge parvient à réconforter le jeune homme, qui au bout de six mois de punition le suit à Saint-Supplice à Paris pour commencer des études de théologie. Très bon élève, il se croit délivré des « faiblesses de l'amour », jusqu'à ce que Manon Lescaut réapparaisse dans sa vie. Ayant entendu parler de sa soutenance de thèse, elle vient y assister et demande à le rencontrer le soir même.

Tout d'abord décontenancé, Des Grieux retombe amoureux d'elle et lui pardonne sa trahison après qu'elle s'est engagée à lui rester désormais fidèle. Elle lui assure que monsieur de B. ne la comblait pas autant que lui. Ils s'enfuient de nouveau ensemble et louent une maison ensemble à Chaillot, près de Paris. Ils font des plans pour avoir suffisamment d'économies pour les dix ans à venir. A peine cette bonne résolution prise, ils louent un appartement meublé à Paris en plus de leur résidence principale pour les soirs où ils rentrent tard des spectacles ou des opéras qu'ils ont l'habitude d'aller voir. Le frère de Manon, ayant appris la vie qu'elle menait et vivant lui aussi à Paris, vient un jour chez eux, très en colère. Il revient pourtant s'excuser pour son emportement, et s'installe chez sa sœur et son beau-frère, ce qui engendre toujours plus de frais pour le couple.

Un soir que les jeunes gens dorment à Paris, un incendie ravage leur maison de Chaillot. La pire crainte de des Grieux s'avère exacte lorsqu'il se rend là-bas et découvre que tout leur argent a disparu. Il est effrayé, car il connaît Manon : elle ne se satisfera jamais d'une vie sans plaisir et préfèrera le tromper de nouveau plutôt que d'y renoncer. Il va donc demander conseil au frère de Manon en lui faisant promettre de ne rien révéler à sa sœur. Celui-ci ne lui propose que des moyens douteux de gagner de l'argent, que Des Grieux rejette. Il prend également soin de dire à Manon qu'il faut rester à Paris le temps de réparer les dégâts de Chaillot afin qu'elle ne soupçonne pas leur situation. Il prend rendez-vous avec son ami Tiberge à qui il confie ses soucis. Après lui avoir proposé des solutions, celui-ci comprend que son ami a besoin d'argent et accepte de lui en prêter à condition qu'il le tienne au courant du lieu où il se trouve.

Des Grieux commence à jouer pour améliorer leur situation financière, malgré les scrupules qu'il avait auparavant. Ils sont plus à l'aise financièrement, et Des Grieux apprend alors à Manon ce qui est arrivé à leur maison de Chaillot. Pour la consoler, il loue une nouvelle maison.

Tiberge, après avoir eu beaucoup de patience, trouve que le comportement de son ami n'est plus tolérable et rompt tout commerce avec lui.

Les mésaventures de des Grieux et Manon ne sont pas finies : un jour qu'ils sont sortis dîner chez M. Lescaut, ils se font voler par leurs domestiques. M. Lescaut convainc Des Grieux d'aller signaler le vol à la police, et pendant ce temps, il persuade Manon de se faire entretenir par un homme de sa connaissance, monsieur G de M. Quand il rentre, Des Grieux ne retrouve pas sa bien-aimée. Il trouve une lettre de sa part dans laquelle elle lui avoue qu'elle va de nouveau lui être infidèle par nécessité, malgré tout l'amour qu'elle lui assure éprouver pour lui. « Crois-tu que l'on puisse être bien tendre quand on manque de pain ? » argumente-t-elle. Des Grieux est de nouveau tiraillé par des sentiments contradictoires. M. Lescaut lui dit que c'est une bonne chose, puisque M. G de M. va leur prendre une maison. Des Grieux retrouve donc Manon quelques jours plus tard chez son nouveau bienfaiteur. Cette fois leur retrouvailles sont plus tendues : Des Grieux est assez froid, elle ne comprend pas son attitude mais dit que si cela lui déplaît à ce point, elle renoncera à son commerce avec M. G de M. Le jeune homme lui dit que ce n'est pas la peine, et ils élaborent un plan avec le frère de Manon pour s'enfuir après le repas. Leur plan fonctionne, mais M. G. de M. comprend qu'il a été dupé et s'arrange pour les faire arrêter. Des Grieux est envoyé à la prison de Saint-Lazare, et Manon à l'Hôpital, qui est d'ailleurs probablement celui de la Salpêtrière où l'on place les prostituées. A Saint-Lazare, Des Grieux entretient de bonnes relations avec l'abbé, il se conduit sérieusement en espérant ainsi sortir plus rapidement. Il reçoit une visite de G. de M. qui lui fait la morale et lui apprend que Manon est à l'Hôpital, ce qui déclenche la colère du jeune homme et la volonté farouche de la libérer de cet endroit sordide. Il en parle à l'abbé qui va voir le Lieutenant de Police dans l'espoir de faire sortir rapidement le jeune homme. Pendant ce temps celui-ci élabore un stratagème qui consiste à faire parvenir une lettre à M. Lescaut, le frère de Manon, par l'intermédiaire de son ami Tiberge. Celui-ci vient le voir en prison. Au cours de leur conversation, Des Grieux lui apprend qu'il aime encore Manon et Tiberge tente de le faire revenir à la raison tout en admettant qu'il comprend qu'il puisse préférer l'amour à la vertu. M. Lescaut, ayant reçu la lettre, vient voir le chevalier quelques jours plus tard. Ils mettent au point un plan pour faire sortir Des Grieux. Quelques jours plus tard, le jeune homme se présente dans la chambre de l'abbé à l'heure de la sieste, armé du pistolet que M. Lescaut lui a prêté. Il lui demande de le conduire à la sortie. Celui-ci obtempère, mais demande au dernier moment l'aide d'un domestique que Des Grieux se voit contraint de tuer puisqu'il est un obstacle à son évasion. Désormais libre, Des Grieux va se renseigner à l'Hôpital pour trouver un moyen de libérer Manon. Il fait la connaissance de M. de T., le fils d'un des administrateurs, et lui expose sa situation en vue d'obtenir son aide. Il sollicite son amitié en mettant en avant leur proximité d'âge. Il l'aide donc à entrer à l'Hôpital pour rendre une première visite à

Manon. Leurs retrouvailles sont si émouvantes qu'un domestique propose de les aider dans leur entreprise. Quelques jours plus tard Des Grieux parvient à libérer Manon. Arrivés chez M. Lescaut, ils ont des problèmes avec le cocher ; M. Lescaut l'insulte, et celui-ci menace de les dénoncer. Ils sont donc tous trois contraints de s'enfuir à pieds. Mais M. Lescaut se fait tuer en chemin dans une ruelle sombre. Manon et Des Grieux se réfugient donc à l'auberge de Chaillot. Là-bas Manon assure Des Grieux de son amour, et celui-ci réfléchit à des moyens de trouver de l'argent. Il s'adresse de nouveau à son ami Tiberge, qui lui prête de l'argent, sans savoir que son ami a retrouvé Manon. Il va ensuite chez M. de T., qui lui apprend que M. Lescaut a été tué par un homme avec lequel il avait joué, et l'emmène acheter des étoffes.

Deuxième partie

Manon et Des Grieux vivent assez confortablement à Chaillot. Le chevalier devient de plus en plus ami avec M. de T., tandis que Manon elle aussi se fait des amies, avec qui elle va se promener au bois de Boulogne. Cependant quelques temps plus tard arrive une nouvelle source d'inquiétude pour Des Grieux : un domestique lui apprend qu'un jeune seigneur est amoureux de Manon. Elle reçoit d'ailleurs une lettre de lui qui la met de très bonne humeur. Ayant reproché à son compagnon de ne plus passer suffisamment de temps avec elle, elle obtient qu'il passe la journée suivante entièrement avec elle. Elle passe donc la matinée à le coiffer. A ce moment on entend frapper : c'est le prince amoureux de Manon qui est là, et elle le fait entrer. C'est sa façon de l'éconduire, mais Des Grieux est blessé qu'elle se soit servie de lui avec autant d'aplomb, et surtout qu'elle ne lui en ait pas parlé avant. Cependant encore une fois il pardonne à Manon par amour.

Un soir, le fils de G. M., l'homme qui avait fait arrêter les amants, vient dîner chez eux en compagnie de M. de T. dont il est un ami proche. Au moment de partir ensemble à la Comédie, M. de T. dit à Des Grieux que G. M. est amoureux de Manon, et qu'il doit se méfier de lui parce qu'il connait le penchant aux plaisirs de la jeune fille. Des Grieux prend donc le parti de prévenir sa compagne contre le jeune homme, mais elle décide de le duper car il lui propose beaucoup de richesses. Ils établissent donc un plan pour qu'elle rejoigne le jeune G. M. le lendemain. Elle lui demandera de l'amener à la Comédie, sortie qu'elle affecte particulièrement, le dépouillera et rejoindra Des Grieux qui l'attendra à l'extérieur.

Mais le plan ne se déroule pas comme prévu et, alors qu'il l'attend à la sortie, il est abordé par une jolie jeune fille dans un carrosse, qui lui remet une lettre de Manon disant qu'elle mène une vie de princesse auprès du jeune G. M., et qu'elle n'a pu réussir à faire en sorte qu'il l'emmène à la Comédie, et qu'ils se verront donc un autre jour. Elle souligne néanmoins qu'elle lui a envoyé la plus jolie fille possible afin qu'il se console agréablement de son absence. Extrêmement en colère, Des Grieux déclare à la jeune fille qu'il ne veut plus jamais voir Manon. Il sombre ensuite dans un grand moment de tristesse, pour enfin décider qu'il doit la voir afin de la faire changer d'avis. Avec l'aide de M. de T., il parvient à éloigner le jeune G. M. et à monter chez elle. S'ensuit une scène où il lui reproche sa légèreté et son inconstance, allant même jusqu'à dire qu'il ne veut plus avoir le moindre commerce avec elle. Mais l'air touché de Manon lui fait faire volte-face, et ils s'échangent de nouveaux des tendresses et se pardonnent mutuellement, l'une pour sa trahison, l'autre pour son emportement. Ensuite Manon lui explique ce qu'il s'est passé pendant qu'il n'était pas là. Le jeune G. M. l'a couverte de richesse et elle s'est dit que ce serait dommage de ne pas en profiter. Le fait de lui envoyer une jolie fille à la Comédie faisait partie de son plan. En exposant cela, Manon avoue également qu'elle avait clairement l'intention de tromper son amant, mais se justifie en disant que c'était uniquement dans leur intérêt commun d'avoir plus d'argent. Des Grieux veut s'enfuir le plus rapidement possible de cet endroit avec Manon. Mais sur les entrefaites il reçoit un billet de M. de T. qui lui suggère de passer la nuit chez le jeune G. M. puisqu'il a des gens pour le tenir éloigné de chez lui : ainsi il aura non seulement les richesses de son rival, mais aussi la fierté de posséder le temps d'une nuit sa maîtresse dans ses propres appartements. Manon trouve cette idée très agréable et malgré ses réticences, Des Grieux finit par accepter.

Malheureusement l'un des laquais du jeune G. M. a entendu la conversation entre les jeunes gens et s'empresse d'aller prévenir le vieux G. M. qu'un inconnu s'est introduit chez son fils, et celui-ci prévient immédiatement le Lieutenant de Police. Il part ensuite à la recherche de son fils et se rend dans ses appartements. Il est surpris de reconnaître Manon et d'en déduire qu'elle est la maîtresse de son fils. Au fil de la conversation, le chevalier Des Grieux commet l'erreur d'avouer qu'il sait où se trouve le jeune G.M. Le vieux G. M. se sert donc de Marcel, le fidèle domestique de Des Grieux depuis l'évasion de Manon de l'Hôpital pour connaître les intentions de son ancienne maîtresse et du chevalier. Le domestique parle sous la menace et révèle que le plan de ses maîtres consistait à voler l'argent et les bijoux du jeune G.M. Le vieux G.M. les fait donc entrer à la prison du Petit Châtelet. Arrivés là-bas, ils sont séparés, et Des Grieux écrit à son père. Il est interrogé par le Lieutenant de Police. Son père arrive plus tôt que prévu à la prison, il avait en effet anticipé le fait que son fils ait des ennuis. Ils discutent, et Des Grieux lui raconte toutes ses aventures par le menu, justifiant ses actions par l'amour qu'il « prouve pour sa maîtresse » et prenant à chaque fois des exemples de gens qu'ils connaissent qui ont agi de la même façon. Son père, attendrit, dit qu'il ira voir le vieux G.M. aussi tôt que possible pour trouver un arrangement avec lui. Des Grieux a été honnête avec son père, mais cependant pas jusqu'à oser lui demander la libération de Manon. Les deux hommes vont donc ensemble voir le Lieutenant de Police, à qui ils demandent la libération du chevalier des Grieux en échange du transfert de Manon pour l'Amérique. Le Lieutenant de Police accepte cette requête sans problème. Des Grieux est libéré. Alors qu'il veut aller rendre visite à Manon quelques jours plus tard, le concierge lui apprend la vérité : la jeune fille a été transférée à l'Hôpital pour attendre le prochain bateau pour l'Amérique. Des Grieux, après avoir pensé à la vengeance, décide qu'il est plus sérieux de rassembler de l'argent pour tenter de libérer Manon et s'adresse une fois de plus à Tiberge et à M. de T. Il rencontre pour la seconde fois son père à qui il exprime tout son ressentiment, mais ne parvient pas à le faire changer d'avis. Il le quitte en lui disant qu'il est si désespéré qu'il se donnera bientôt la mort.

Il semble impossible de libérer Manon malgré l'intervention de M. de T., et Des Grieux revient à sa première idée qui était la vengeance. Il s'adresse au domestique qui l'avait aidé à éloigner le jeune G. M. et en échange de cent pistoles, celui-ci lui amène trois soldats. Des Grieux a l'intention de libérer Manon en attaquant les six archers qui l'accompagnent sur la route de Normandie, où elle doit prendre le bateau. Malheureusement Des Grieux doit faire face à une désertion des troupes à mi-chemin. Il décide donc de suivre la compagnie jusqu'en Normandie car il ne veut pas quitter Manon. Il prend la décision d'aller avec elle jusqu'en Amérique. Celle-ci est très faible et peut à peine parler. Le jeune homme paie les archers pour chaque moment passé avec elle et ceux-ci, voyant sa détresse, augmentent le tarif à chaque fois. Il doit même écrire à Tiberge pour lui demander de l'argent. C'est lors d'un arrêt à Pacy qu'il rencontre pour la première fois Renoncour. C'est la boucle du récit, nous sommes revenus à l'endroit où commence l'histoire. Renoncour ayant pitié de Des Grieux, il lui prête encore de l'argent pour qu'il puisse voyager en compagnie de Manon. La lettre qu'il a envoyée à Tiberge n'arrive pas à temps, il se voit contraint de vendre son cheval. C'est avec dix pistoles en poche qu'il embarque pour l'Amérique avec Manon. La traversée dure deux mois et se passe assez agréablement.

Ils arrivent à la Nouvelle-Orléans, petite ville de cabanes, et le gouverneur répartit les filles à marier entre les célibataires du village. Manon et Des Grieux, s'étant présentés à bord du bateau comme des gens mariés, sont autorisés à rester ensemble et on leur fournit un logement. Ils dînent avec le gouverneur, qui trouve ensuite un emploi à Des Grieux.

La vie se passe tranquillement pour les jeunes gens, ils se déclarent de nouveau leur amour et vivent dans la vertu, à tel point qu'ils envisagent d'officialiser leur amour par le mariage. Des Grieux décide d'en parler au gouverneur. Celui-ci commence par accepter la requête du jeune homme, mais son neveu, Synnelet, a entendu la conversation, et il est lui-même amoureux de Manon depuis son arrivée dans la ville. Il n'avait caché ses sentiments que parce qu'il croyait avoir affaire à une femme mariée. Ayant appris cela, le gouverneur envoie l'aumônier chez Des Grieux et Manon pour leur faire dire que leur union n'est plus possible. Le chevalier croise Synnelet un peu plus tard dans la forêt, et à l'issue d'un duel, le neveu du gouverneur est tué. Il rentre chez lui et apprend la nouvelle à Manon, qui veut qu'ils s'enfuient. Ils marchent un long moment et finissent par s'arrêter pour passer la nuit dans la forêt. Manon est très faible, Des Grieux tente vainement de la réchauffer et la veille. Mais au petit matin, elle meurt, et Des Grieux creuse une fosse pour l'enterrer un jour plus tard. Il voudrait la rejoindre dans la mort, mais il survit et est retrouvé par des officiers du gouverneur. Ils ont été mandatés grâce à Synnelet, qui finalement n'avait pas succombé au duel avec le chevalier. Des Grieux retourne en ville et subit une longue maladie qui le tourmente pendant trois mois. Suite à cela il reprend le travail. Il a pour projet de revenir en France, lorsqu'un jour il voit descendre d'un bateau qui accoste à la Nouvelle-Orléans son ami Tiberge. Celui-ci a appris ses aventures et l'a suivi dans le but de l'aider. Ils vivent ensemble deux mois, puis rentrent en France, à Calais, où le chevalier apprend la mort de son père, et rencontre Renoncour auquel il a raconté toute son histoire.

LES RAISONS
DU SUCCÈS

En 1731 quand paraît *Manon Lescaut*, c'est le roi Louis XV qui règne sur la France. Appelé pendant un temps, Louis le Bien-Aimé, ce dernier monte sur le trône en 1723 et met ainsi fin à la Régence du duc d'Orléans, période durant laquelle les mœurs se sont libéralisées. Cet esprit de détente et le relâchement de l'autorité perdurent donc pendant un moment, et on peut supposer que cette ouverture des esprits et cette baisse de l'autorité du pouvoir sèment déjà les graines de la Révolution Française qui verra son apogée à la fin du siècle. En effet le XVIIIe siècle est connu pour être celui des Lumières ; on veut désormais éclairer le peuple, lui donner plus de connaissances, et lui permettre de profiter de la libéralisation des mœurs ainsi que de la libéralisation économique qui lui est conjointe et qui ouvre de nouvelles perspectives. Les esprits se libèrent peu à peu des préjugés de l'Ancien Régime.

Cependant, la liberté de mœurs et d'expression reste tout de même relative ; n'oublions pas que Voltaire a été exilé en 1716 pour avoir évoqué de manière quelque peu moqueuse les amours du Régent dans ses écrits. Ce relâchement général apparaît à certains comme une source de dérèglement des mœurs, et de la société toute entière, et ouvre la voie à la corruption des individus. C'est pourquoi il n'est pas rare que *Manon Lescaut*, roman quelque peu immoral, soit souvent analysé comme la conséquence de la libéralisation des mœurs. C'est la fatalité qui pousse les héros à suivre leurs passions et à devoir sans cesse se préoccuper des questions matérielles. Ils ont d'ailleurs parfois été analysés comme des victimes de la société dans laquelle ils vivaient. Le mode de vie léger de Manon n'est-il pas d'ailleurs régulièrement présenté comme nécessaire ?

Le courant libertin prend également son essor à ce moment, avec des auteurs tels que Crébillon fils (*Les*

Égarements du cœur et de l'esprit, 1730), ou même Diderot (*Les Bijoux indiscrets*, 1748). *Manon Lescaut* trouve donc tout à fait sa place dans le paysage libéré et en mouvement du début du XVIIIe siècle.

En ce qui concerne le genre romanesque au XVIIe siècle, il est toujours déprécié, et n'est pas considéré comme faisant partie des « grands » genres comme le théâtre. On se méfie de la fiction mensongère, et le genre est donc en quête d'une légitimité et donc d'une nouvelle esthétique qui pourrait le faire sortir des carcans qui le limitent. C'est pourquoi les auteurs du XVIIIe siècle cherchent sans cesse des moyens d'authentifier le récit, de le faire passer pour vrai : le genre des pseudo-mémoires est un moyen extrêmement courant. Il est très fréquent que l'auteur dise rapporter une histoire qu'on lui a racontée, c'est le cas également dans *La Vie de Marianne*, de Marivaux, publié la même année.

Le réalisme est donc mis en exergue, d'autant plus que la classe émergente, la bourgeoisie, veut également se reconnaître dans le roman. Emus par l'aspect réel, « vécu » du discours, plusieurs contemporains ont cru que *Manon Lescaut* était une histoire vraie. Des critiques ont même fait des recherches à ce sujet, sans néanmoins pouvoir trouver de corrélation exacte entre les faits et ce qui est décrit dans le roman.

Le genre romanesque acquiert donc une nouvelle dimension, et se voit rapidement à la mode dans les Salons, même si les œuvres aujourd'hui passées à la postérité ne représentent pas l'intégralité du genre. Elles sont des réussites exceptionnelles, mais on reste tout de même vigilant face au roman, considéré parfois comme inquiétant pour la morale et l'ordre public, et donc dangereux pour le pouvoir. Les autorités tentent même d'en faire interdire la publication en 1737, sans succès.

Le XVIIIe siècle est aussi celui des Salons, nouveaux lieux de sociabilité, de discussion et de création qui ont émergé grâce à la volonté de partage de la connaissance de ce siècle des Lumières. C'est là que se tiennent des discussions parfois animées : on y cultive l'art de la conversation, on y créé l'actualité littéraire et philosophique. Ils sont le plus souvent tenus par des femmes : les plus connus sont ceux de la marquise de Lambert, qui ne désemplit pas de son ouverture en 1710 jusqu'à la mort de la marquise en 1733. Dans celui de Madame de Tencin, dont certains commentateurs ont d'ailleurs dit qu'elle avait servi de modèle à Madame Dorsin dans *La Vie de Marianne*, Montesquieu a lu pour la première fois des passages de *L'Esprit des Lois*. Marivaux les fréquente assidument. Citons également les Salons de Madame du Deffand, Madame de Geoffrin, et Mademoiselle de Lespinasse.

Enfin en ce qui concerne la réception de l'œuvre, il a été montré que contrairement à ce que l'on a longtemps pensé, l'œuvre n'a pas été aussi rejetée qu'on veut bien le croire. Elle fait partie des « lectures obligées » pour les intellectuels de l'époque, et son influence sur le devenir du genre romanesque n'est pas négligeable. Les catalogues des bibliothèques privées attestent de cette large diffusion et de la grande circulation de l'œuvre dès l'époque de sa publication. Cependant au XVIIIe siècle, les critiques publiées restent peu nombreuses et sont majoritairement défavorables, le texte étant jugé immoral ou trop sentimental. On notera néanmoins cette critique de Montesquieu dans *Mes pensées* : « J'ai lu, ce 6 avril 1734, *Manon Lescaut* […] Je ne suis pas étonné que ce roman […] plaise ; […] toutes les mauvaises actions du chevalier des Grieux ont pour motif l'amour […], motif noble […]. Manon aime aussi, ce qui lui fait pardonner le reste de son caractère. » Le roman est par la suite au XVIIIe siècle adapté pour de multiples reprises au théâtre, et c'est à cette époque qu'il connaît l'apogée de son succès, et est reconnu comme une œuvre majeure de l'auteur et du XVIIIe siècle. George Sand a dit s'en être inspiré pour *Leone Leoni*. On en tire aussi des opérettes et quatre films au début du XXe siècle.

LES THÈMES PRINCIPAUX

L'amour-passion

C'est l'amour qui fera sombrer Des Grieux dans les pires problèmes et lui vaudra l'opprobre de sa famille, mais c'est surtout cet amour qui conduira Manon à la mort, comme dans les tragédies où les amours impossibles ne peuvent se solder que par la mort des protagonistes.

Le chevalier des Grieux est prêt à tout pour Manon : il fait un plan pour qu'ils aient suffisamment d'argent pour les dix ans à venir lorsqu'ils s'installent à Chaillot, mais ne parvient pas à résister aux caprices de sa maîtresse qui le conduisent à dépenser toujours plus, et l'explique de cette façon : « Mais nos résolutions ne durèrent guère plus d'un mois. Manon était passionnée pour le plaisir ; je l'étais pour elle. […] Je fus le premier à lui procurer tout ce que je croyais propre à lui plaire. » Manon apparaît donc comme l'incarnation du mythe de la femme fatale, qui entraîne celui qui l'aime, dans la folie. En effet même si c'est la voix de Des Grieux que l'on entend dans le roman, c'est lui qui dit « je », on comprend que c'est Manon qui détient le pouvoir dans le couple. C'est d'ailleurs pourquoi un certain courant de la critique contemporaine a pu le voir comme un roman féministe. Le désir enfin transparaît tout au long du roman. C'est pour Manon un élan vital. Elle ne peut vivre sans amour et sans plaisir, et cela explique peut-être sa mort à la fin du roman : elle n'est plus désirée par personne que par son compagnon, et l'absence de désir fait qu'elle ne vit plus au sens propre du terme.

*L'argent et les plaisir*s

L'aspect financier est central dans *Manon Lescaut*. Comme nous l'avons vu, c'est le manque d'argent qui les empêche de vivre leur amour tranquillement, et qui conduit Manon à se conduire de manière immorale en trompant physiquement son amant. Elle ne réalise pas les dégâts que peuvent causer sa conduite et les tourments dans lesquels elle plonge son amant, car pour elle leur amour est au-dessus de la fidélité physique : elle l'aime et veut le meilleur pour leur vie commune. Pour elle le manque d'argent est un frein à l'amour : « Crois-tu que l'on puisse être bien tendre lorsque l'on manque de pain ? » Le « penchant aux plaisirs » de Manon est souligné dès le début du roman, lorsqu'elle rencontre le chevalier Des Grieux alors qu'elle va être emmenée au couvent et qu'il tombe éperdument amoureux : « C'était malgré elle qu'on l'envoyait au couvent, pour arrêter sans doute son penchant au plaisir, qui s'était déjà déclaré et qui a causé, dans la suite, tous ses malheurs et les miens. »

Dès qu'ils ont un peu d'argent à Paris, elle le dépense pour aller à la Comédie, sa grande passion. Elle est incapable de restreindre son train de vie, encore moins d'économiser, même pour vivre à l'abri du besoin en compagnie de son amant.

La vertu/le péché : place de la religion et de la morale

Le personnage de Tiberge incarne la vertu. Ami de Des Grieux, il apparaît régulièrement au cours du roman pour le conjurer de quitter Manon et cette vie de débauche. Jamais écouté, parfois dupé, il poursuit son but quasiment sans relâche, jusqu'à suivre le chevalier en Amérique. C'est la voix de la sagesse, mais la sagesse qui contrairement au père du jeune homme, tente de s'abstenir de juger.

La volonté de vivre dans la vertu à la fin du roman conduit finalement à la mort de Manon puisqu'ils ont été obligés de prendre la fuite. Punition divine pour leurs années de vie dans le péché ou fatalité tragique ? L'idéal de vertu du XVIIIe siècle n'est en tous cas pas absent de l'œuvre de Prévost.

Il faut d'ailleurs souligner le paradoxe des deux héros : ils vivent une vie moralement condamnable par l'Eglise, mais n'ont aucun grief contre la religion, jusqu'à vouloir se marier devant Dieu à la fin du roman : « Je fus le premier qui proposai ce changement à Manon. Je connaissais les principes de son cœur. Elle était droite et naturelle dans tous ses sentiments, qualité qui dispose toujours à la vertu. Je lui fis comprendre qu'il manquait une chose à notre bonheur. C'est, lui dis-je, de le faire approuver du Ciel. »

ÉTUDE DU MOUVEMENT LITTÉRAIRE

Le roman social

Le social du XVIIIe siècle fait apparaître de nouveaux éléments dans un genre jusque-là cantonné à des topos héroïques peu réalistes et passablement démodés. Le vent de liberté qui souffle au XVIIIe siècle, lié au fait que les choses ne sont plus figées dans la société, conduit à l'émergence d'un réalisme moyen : de nouvelles classes apparaissent dans le roman. Dans cette société plus libre et dans laquelle on peut désormais agir sur son destin, on note une certaine influence du genre picaresque, dans lequel un jeune héros apprend la vie par les aventures qui lui arrivent. Le grand modèle du genre est *Lazarillo de Tormes*, publié en Espagne au XVIe siècle. Au début du XVIIIe siècle, Alain-René Lesage publie *Gil Blas de Santillane* qui reprend les mêmes canevas.

Entre le picaresque et le romantisme, le roman social se veut réaliste, en phase avec l'évolution des mœurs. C'est pourquoi l'on y trouve souvent l'évocation des habitudes de toutes les classes et que ces éléments sont décrits avec soin. De nombreux romans s'inscrivent donc dans cette tradition : un personnage de basse extraction fait des rencontres qui le forgent et lui permettent de trouver sa place dans la société au fur et à mesure de ses aventures. Le plus souvent, l'accent est mis sur le réalisme moral et le réalisme social dans ces œuvres. Les sentiments des personnages sont également analysés, ce qui correspond à l'essor de la sensibilité observé au XVIIIe siècle. Rêverie amoureuse et analyse participent de cette esthétique que l'on peut qualifier de pré-romantique. Le genre utilise également des topos romanesques tels que la présence d'enfants trouvés, d'orphelins, d'enlèvements, de complots familiaux contre les protagonistes.

Ce genre qui émerge au début du XVIIIe siècle est donc une peinture des mœurs de l'époque agrémenté d'une très forte esthétique romanesque. L'illusion de vérité permet de publier des ouvrages aux héros plus ou moins moraux sans craindre d'être accusé de vouloir détourner les esprits, qui instruisent sur la société et divertissent à la fois.

DANS LA MÊME COLLECTION
(par ordre alphabétique)

- **Anonyme**, *La Farce de Maître Pathelin*
- **Anouilh**, *Antigone*
- **Aragon**, *Aurélien*
- **Aragon**, *Le Paysan de Paris*
- **Austen**, *Raison et Sentiments*
- **Balzac**, *Illusions perdues*
- **Balzac**, *La Femme de trente ans*
- **Balzac**, *Le Colonel Chabert*
- **Balzac**, *Le Lys dans la vallée*
- **Balzac**, *Le Père Goriot*
- **Barbey d'Aurevilly**, *L'Ensorcelée*
- **Barbey d'Aurevilly**, *Les Diaboliques*
- **Bataille**, *Ma mère*
- **Baudelaire**, *Les Fleurs du Mal*
- **Baudelaire**, *Petits poèmes en prose*
- **Beaumarchais**, *Le Barbier de Séville*
- **Beaumarchais**, *Le Mariage de Figaro*
- **Beauvoir**, *Mémoires d'une jeune fille rangée*
- **Beckett**, *Fin de partie*
- **Brecht**, *La Noce*
- **Brecht**, *La Résistible ascension d'Arturo Ui*
- **Brecht**, *Mère Courage et ses enfants*
- **Breton**, *Nadja*
- **Brontë**, *Jane Eyre*
- **Camus**, *L'Étranger*
- **Camus**, *Le Mythe de Sisyphe*
- **Carroll**, *Alice au pays des merveilles*
- **Céline**, *Mort à crédit*

- **Céline**, *Voyage au bout de la nuit*
- **Chateaubriand**, *Atala*
- **Chateaubriand**, *René*
- **Chrétien de Troyes**, *Perceval*
- **Cocteau**, *Les Enfants terribles*
- **Colette**, *Le Blé en herbe*
- **Corneille**, *Le Cid*
- **Crébillon fils**, *Les Égarements du cœur et de l'esprit*
- **Defoe**, *Robinson Crusoé*
- **Dickens**, *Oliver Twist*
- **Du Bellay**, *Les Regrets*
- **Dumas**, *Henri III et sa cour*
- **Duras**, *L'Amant*
- **Duras**, *La Pluie d'été*
- **Duras**, *Un barrage contre le Pacifique*
- **Flaubert**, *Bouvard et Pécuchet*
- **Flaubert**, *L'Éducation sentimentale*
- **Flaubert**, *Madame Bovary*
- **Flaubert**, *Salammbô*
- **Gary**, *La Vie devant soi*
- **Giraudoux**, *Électre*
- **Giraudoux**, *La Guerre de Troie n'aura pas lieu*
- **Gogol**, *Le Mariage*
- **Homère**, *L'Odyssée*
- **Hugo**, *Hernani*
- **Hugo**, *Les Misérables*
- **Hugo**, *Notre-Dame de Paris*
- **Huxley**, *Le Meilleur des mondes*
- **Jaccottet**, *À la lumière d'hiver*
- **James**, *Une vie à Londres*
- **Jarry**, *Ubu roi*
- **Kafka**, *La Métamorphose*
- **Kerouac**, *Sur la route*

- **Kessel**, *Le Lion*
- **La Fayette**, *La Princesse de Clèves*
- **Le Clézio**, *Mondo et autres histoires*
- **Levi**, *Si c'est un homme*
- **London**, *Croc-Blanc*
- **London**, *L'Appel de la forêt*
- **Maupassant**, *Boule de suif*
- **Maupassant**, *La Maison Tellier*
- **Maupassant**, *Le Horla*
- **Maupassant**, *Une vie*
- **Molière**, *Amphitryon*
- **Molière**, *Dom Juan*
- **Molière**, *L'Avare*
- **Molière**, *Le Malade imaginaire*
- **Molière**, *Le Tartuffe*
- **Molière**, *Les Fourberies de Scapin*
- **Musset**, *Les Caprices de Marianne*
- **Musset**, *Lorenzaccio*
- **Musset**, *On ne badine pas avec l'amour*
- **Perec**, *La Disparition*
- **Perec**, *Les Choses*
- **Perrault**, *Contes*
- **Prévert**, *Paroles*
- **Prévost**, *Manon Lescaut*
- **Proust**, *À l'ombre des jeunes filles en fleurs*
- **Proust**, *Albertine disparue*
- **Proust**, *Du côté de chez Swann*
- **Proust**, *Le Côté de Guermantes*
- **Proust**, *Le Temps retrouvé*
- **Proust**, *Sodome et Gomorrhe*
- **Proust**, *Un amour de Swann*
- **Queneau**, *Exercices de style*
- **Quignard**, *Tous les matins du monde*

- **Rabelais**, *Gargantua*
- **Rabelais**, *Pantagruel*
- **Racine**, *Andromaque*
- **Racine**, *Bérénice*
- **Racine**, *Britannicus*
- **Racine**, *Phèdre*
- **Renard**, *Poil de carotte*
- **Rimbaud**, *Une saison en enfer*
- **Sagan**, *Bonjour tristesse*
- **Saint-Exupéry**, *Le Petit Prince*
- **Sarraute**, *Enfance*
- **Sarraute**, *Tropismes*
- **Sartre**, *Huis clos*
- **Sartre**, *La Nausée*
- **Senghor**, *La Belle histoire de Leuk-le-lièvre*
- **Shakespeare**, *Roméo et Juliette*
- **Steinbeck**, *Les Raisins de la colère*
- **Stendhal**, *La Chartreuse de Parme*
- **Stendhal**, *Le Rouge et le Noir*
- **Verlaine**, *Romances sans paroles*
- **Verne**, *Une ville flottante*
- **Verne**, *Voyage au centre de la Terre*
- **Vian**, *J'irai cracher sur vos tombes*
- **Vian**, *L'Arrache-cœur*
- **Vian**, *L'Écume des jours*
- **Voltaire**, *Candide*
- **Voltaire**, *Micromégas*
- **Zola**, *Au Bonheur des Dames*
- **Zola**, *Germinal*
- **Zola**, *L'Argent*
- **Zola**, *L'Assommoir*
- **Zola**, *La Bête humaine*
- **Zola**, *Nana*

Lightning Source UK Ltd.
Milton Keynes UK
UKHW010653301121
394854UK00002B/426